COLLECTION

DE MADAME S...

COLLECTION

DE MADAME S...

Mai 1903

Catalogue

DES

TABLEAUX MODERNES

IMPORTANTS

ET AQUARELLES

PAR

BERNE-BELLECOUR, ROSA BONHEUR

BOUDIN, BRISSOT, CHAPLIN, COROT, DAUBIGNY

DELPY, DELORT, FANTIN-LATOUR, FLAMENG, FRANÇAIS

HARPIGNIES, HENNER, ISABEY, CH. JACQUE. JONGKIND, EUG. LAMBERT

LEBOURG, L. LELOIR, MAD. LEMAIRE, LE GOÛT-GÉRARD, LÉPINE

MICHEL, A. DE NEUVILLE, PISSARO, J. ROMANI

ROYBET, TROUILLEBERT, VEYRASSAT

VOLLON, WORMS, ZIEM

Œuvre capitale de FANTIN-LATOUR : *La Danse de l'Almée*

DONT LA VENTE AURA LIEU A PARIS

HOTEL DROUOT, Salles N°s 5 et 6

Le 29 Mai 1903, à 3 heures

COMMISSAIRE-PRISEUR :	EXPERT :
Me PAUL CHEVALLIER	M. HENRI HARO, peintre-expert
10, Rue Grange-Batelière	*14, Rue Visconti. et 20, Rue Bonaparte*

EXPOSITION PARTICULIÈRE :

Le 27 Mai 1903, de 1 heure 1/2 à 5 heures 1/2

EXPOSITION PUBLIQUE :

Le 28 Mai 1903, de 1 heure 1/2 à 5 heures 1/2

TABLEAUX

—

ASTI

I — *Tête de Femme.*

Toile. Haut., 35 cent.; larg., 27 cent.

BERCHÈRE

2 — *Paysage arabe.*

Toile. Haut., 36 cent.; larg., 64 cent.

BERNE-BELLECOUR

3 — *Lieutenant de Dragons.*

Panneau. Haut., 37 cent.; larg., 46 cent.

BOUDIN
(EUGÈNE)

4 — *Le Port de Bordeaux.*

Toile. Haut., 44 cent.; larg., 65 cent.

**

BOUDIN
(EUGÈNE)

5 — *Le Port de Bordeaux.*

Toile. Haut., 49 cent. ; larg., 74 cent.

BOUDIN
(EUGÈNE)

6 — *Le Port de Bordeaux.*

Toile. Haut., 36 cent. ; larg., 58 cent.

BOUDIN
(EUGÈNE)

7 — *Berck.*

Panneau. Haut., 15 cent. 1/2 ; larg., 26 cent.

BOUDIN
(EUGÈNE)

8 — *La Plage de Trouville.*

Panneau. Haut., 15 cent. 1/2 ; larg., 27 cent.

BOUDIN
(EUGÈNE)

9 — *Deauville.*

Panneau. Haut., 27 cent. ; larg., 21 cent. 1/2.

BOUDIN
(EUGÈNE)

10 — *Trouville.*

Panneau. Haut., 27 cent.; larg., 22 cent.

BOUDIN
(EUGÈNE)

11 — *Le Grand Canal à Venise.*

Toile. Haut., 50 cent.; larg., 74 cent.

BOUDIN
(EUGÈNE)

12 — *Entrée du Port du Havre.*

Panneau. Haut., 31 cent.; larg., 25 cent. 1/2.

BOUDIN
(EUGÈNE)

12 *bis* — *Pardon Breton.*

Panneau. Haut., 15 cent.; larg., 23 cent.

BOUDIN
(EUGÈNE)

13 — *Trouville.*

Toile. Haut., 36 cent.; larg., 58 cent. 1/2.

BOUDIN
(EUGÈNE)

14 — *Le Grand Canal à Venise.*

Toile. Haut., 36 cent.; larg., 58 cent.

BRISSOT
(F.)

15 — *Moutons dans un Parc.*

Toile. Haut., 43 cent.; larg., 61 cent.

BRISSOT
(F.)

16 — *Moutons en Prairie.*

Panneau. Haut., 23 cent. 1/2; larg., 32 cent.

CHAPLIN
(CH.)

17 — *Le Rêve.*

Toile. Haut., 26 cent.; larg., 45 cent.

CHAPLIN
(CH.)

18 — *L'Innocence.*

Toile. Haut., 50 cent.; larg., 32 cent.

COROT

19 — *Ville-d'Avray.*

Panneau. Haut., 15 cent. 1/2 ; larg., 25 cent.

COROT

20 — *Sous Bois.*

Panneau. Haut., 28 cent. ; larg., 37 cent.

DAUBIGNY
(C.)

21 — *Paysage.*

Panneau. Haut., 17 cent. ; larg., 32 cent.

DELPY
(H.-C.)

22 — *Paysage.*

Panneau. Haut., 44 cent. ; larg., 71 cent.

DELPY
(H.-C.)

23 — *Paysage.*

Panneau Haut., 16 cent. ; larg., 27 cent.

***

DELPY
(H.-C.)

24 — *Paysage.*

Panneau. Haut., 16 cent. 1/2 ; larg., 26 cent. 1/2.

DELPY
(H.-C.)

25 — *Soleil couchant à Pont-de-l'Arche.*

Panneau. Haut., 16 cent.; larg., 27 cent.

DUPRÉ
(VICTOR)

26 — *Vaches à l'Abreuvoir.*

Toile. Haut., 46 cent. ; larg., 62 cent.

DUPRÉ
(VICTOR)

27 — *Paysage.*

Toile. Haut., 38 cent.; larg., 55 cent.

DUPRÉ
(VICTOR)

28 — *Vaches au bord d'une Mare.*

Toile. Haut., 34 cent.; larg., 56 cent.

DUPRÉ
(VICTOR)

29 — *Paysage.*

Panneau. Haut., 28 cent.; larg., 23 cent.

DUPRÉ
(VICTOR)

30 — *Vaches à l'Abreuvoir.*

Panneau. Haut., 29 cent.; larg., 23 cent.

FANTIN-LATOUR

31 — *La danse de l'Almée.*

Toile. Haut., 63 cent.; larg., 75 cent.

FANTIN-LATOUR

32 — *Nymphe.*

Toile. Haut., 23 cent.; larg., 14 cent. 1/2.

FANTIN-LATOUR

33 — *Roses.*

Toile. Haut., 22 cent.; larg., 32 cent.

FRANÇAIS
(LOUIS-FRANÇOIS)

34 — *Paysage.*

> Toile. Haut., 19 cent.; larg., 26 cent.

GARRIDO
(E.-L.)

35 — *Tête d'Enfant.*

> Panneau. Haut., 41 cent.; larg., 32 cent.

HARPIGNIES
(H.)

36 — *Paysage.*

> Toile. Haut., 30 cent. 1/2; larg., 46 cent.

HARPIGNIES
(H.)

37 — *Bords du Loing à Saint-Privé
(Yonne).*

> Toile. Haut., 20 cent.; larg., 34 cent.

HARPIGNIES
(H.)

38 — *Paysage.*

> Toile. Haut., 40 cent.; larg., 30 cent. 1/2.

HARPIGNIES
(H.)

39 — *Sous Bois.*

Toile. Haut., 30 cent.; larg., 17 cent.

HENNER
(J.-J.)

40 — *Tête de Jeune Fille.*

Panneau. Haut., 27 cent.; larg., 22 cent.

HUGUET
(V.)

41 — *Cavaliers arabes.*

Panneau. Haut., 38 cent.; larg., 46 cent.

JACQUE
(CH.)

42 — *Intérieur de Bergerie.*

Panneau. Haut., 45 cent.; larg., 66 cent.

JACQUE
(CH.)

43 — *Poules.*

Panneau. Haut., 13 cent. 1/2; larg., 14 cent. 1/2.

JACQUE
(CH.)

44 — *Moutons.*

Panneau. Haut., 11 cent.; larg., 14 cent. 1/2.

JACQUE
(CH.)

45 — *Intérieur de Bergerie.*

Toile. Haut., 46 cent. ; larg., 38 cent.

JONGKIND

46 — *Paysage hollandais.*

Toile. Haut., 43 cent.; larg., 56 cent.

JONGKIND

47 — *Marine*

Panneau. Haut., 18 cent. 1/2 ; larg., 22 cent.

JONGKIND

48 — *Harfleur.*

Toile. Haut., 44 cent.; larg., 60 cent.

LAMBERT
(EUGÈNE)

49 — *Chiens et Chats.*

Toile. Haut., 29 cent.; larg., 37 cent.

LEBOURG
(A.)

50 — *Palais de l'Exposition.*

Toile. Haut., 35 cent.; larg., 65 cent.

LE GOÛT-GÉRARD

51 — *Retour de Pêche.*

Toile. Haut., 54 cent.; larg., 65 cent.

LÉPINE

52 — *Bords de Rivière.*

Toile. Haut., 38 cent.; larg., 62 cent.

LÉPINE

53 — *La Statue.*

Panneau. Haut., 24 cent.; larg., 12 cent.

LÉPINE

54 — *Marine.*

Toile. Haut., 61 cent.; larg., 50 cent.

LÉPINE

55 — *Eglise de l'Ile de Saint-Denis.*

Panneau. Haut., 15 cent.; larg., 23 cent.

MICHEL

56 — *Paysage.*

Toile. Haut., 46 cent.; larg., 70 cent.

DE NEUVILLE
(A.)

57 — *Entrée de Belfort.*

Panneau. Haut., 14 cent.; larg., 23 cent.

PISSARO

58 — *Paysage.*

Toile. Haut., 22 cent.; larg., 27 cent.

ROMANI
(J.)

59 — *Tête de Jeune Fille.*

Panneau. Haut., 45 cent ; larg., 38 cent.

ROYBET
(F.)

60 — *Gentilhomme Louis XIII.*

Panneau. Haut., 61 cent.; larg., 37 cent.

TROUILLEBERT

61 — *Paysage.*

Toile. Haut., 46 cent.; larg., 38 cent.

TROUILLEBERT

62 — *Le Village.*

Toile. Haut., 38 cent.; larg., 56 cent

TROUILLEBERT

63 — *Paysage.*

Toile. Haut., 39 cent.; larg., 55 cent.

VEYRASSAT
(J.)

64 — *La Moisson.*

Panneau. Haut., 31 cent. 1/2 ; larg., 41 cent.

VEYRASSAT
(J.)

65 — *La Moisson (coucher de Soleil).*

Panneau. Haut., 13 cent. ; larg., 30 cent.

VOLLON
(A.)

66 — *Porcelaines et Fleurs.*

Panneau. Haut., 32 cent. ; larg., 24 cent.

ZIEM
(FÉLIX)

67 — *La Voile Blanche.*

Toile. Haut., 54 cent. ; larg., 75 cent. 1/2.

ZIEM
(FÉLIX)

68 — *Le Grand Canal à Venise.*

Toile. Haut., 49 cent. ; larg., 71 cent. 1/2.

ZIEM
(FÉLIX)

69 — *La Dogana.*

Toile. Haut., 52 cent.; larg., 83 cent.

ZIEM
(FÉLIX)

70 — *Le Quai des Esclavons.*

Toile. Haut., 53 cent.; larg., 80 cent.

ZIEM
(FÉLIX)

71 — *Le Grand Canal à Venise.*

Toile. Haut., 57 cent.; larg., 81 cent.

ZIEM
(FÉLIX)

72 — *Venise.*

Toile. Haut., 54 cent.; larg., 74 cent.

ZIEM
(FÉLIX)

73 — *Constantinople.*

Panneau. Haut., 55 cent.; larg., 73 cent.

ZIEM
(FÉLIX)

74 — *Venise.*

Toile. Haut., 52 cent.; larg., 71 cent.

ZIEM
(FÉLIX)

75 — *Le Grand Canal à Venise.*

Toile. Haut., 31 cent.; larg., 46 cent.

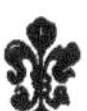

AQUARELLES

BONHEUR
(ROSA)

76 — *Chamois.*

> Haut., 19 cent.; larg., 28 cent.

DELORT
(C.)

77 — *Gentilhomme à Cheval.*

> Haut., 38 cent.; larg., 26 cent.

FLAMENG
(F.)

78 — *Femme Directoire.*

> Haut., 38 cent.; larg., 20 cent.

HARPIGNIES
(H.)

79 — *Le Clocher.*

> Haut., 20 cent.; larg., 16 cent.

HARPIGNIES
(H.)

80 — *Coucher de Soleil.*

Haut., 15 cent.; larg., 13 cent.

HARPIGNIES
(H.)

81 — *Route sous Bois.*

Haut., 27 cent.; larg., 19 cent.

HARPIGNIES
(H.)

82 — *Sous Bois.*

Haut., 28 cent.; larg., 20 cent.

ISABEY
(E.)

83 — *Après le Duel.*

Haut., 32 cent.; larg., 45 cent.

ISABEY
(E.)

84 — *Seigneurs montant un escalier.*

Haut., 30 cent.; larg., 20 cent.

ISABEY
(E.)

85 — *Intérieur d'Eglise.*

Haut., 36 cent.; larg., 26 cent.

ISABEY
(E.)

86 — *Marine.*

Haut., 18 cent.; larg., 26 cent.

LAMBERT
(EUGÈNE)

87 — *Chats.*

Haut., 24 cent.; larg., 29 cent.

LAMBERT
(EUGÈNE)

88 — *Chats.*

Haut., 23 cent.; larg., 35 cent.

LELOIR
(L.)

89 — *La Délaissée.*

Haut., 24 cent.; larg., 35 cent.

LEMAIRE
(MADELAINE)

90 — *Joueuse de Mandoline.*

Haut., 40 cent.; larg., 27 cent.

WORMS

91 — *La Torera.*

Haut., 37 cent.; larg., 26 cent.

www.ingramcontent.com/pod-product-compliance
Ingram Content Group UK Ltd.
Pitfield, Milton Keynes, MK11 3LW, UK
UKHW031711170726
13836UKWH00001B/190